Antje Neugebauer, Marie Hübner
Jakobs Elf
ISBN 3-938766-09-3
1. Auflage

Text: Antje Neugebauer
Illustration: Marie Hübner
Umschlaggestaltung: Marie Hübner
Gestaltung: Peter Gerner
Druck und Bindung: AZ Druck und Datentechnik GmbH

Sulzbacher Straße 3, 65812 Bad Soden
Internet: www.kinderbuchverlagwolff.de
E-Mail: info@kinderbuchverlagwolff.de

Jakobs Elf

KINDERBUCHVERLAG WOLFF

Glaubst du an
Außerirdische?
Glaubst du an
kickende Roboter?
Glaubst du an
laufende Steine?
Glaubst du, Kinder
können eine Tier-
mannschaft trainieren?
Bist du sicher?

Die Nacht der Nächte

Jakob wälzte sich im Bett herum.
Auf einmal rüttelte etwas an seinem Arm. „Aufwachen! Aufwachen, Trainer!“, hörte er jemanden flüstern. Jakob zog sich die Decke über den Kopf. Jemand zog die Decke zurück und knipste die Lampe an. Jakob blinzelte.
Vor ihm stand ein Dachs. Ein Dachs mit einer blauen Mütze, einem blauen Hemd, einer weißen Hose und einem blau-weiß gestreiften Schal.
„Los, komm schon! Wir haben nicht viel Zeit. Es geht gleich los. Jedes Jahr die gleiche Hektik“, drängelte der Dachs und zerrte Jakob aus dem Bett.
„Kann mir mal jemand erklären, was hier los ist?“, wollte Jakob wissen.
Er ließ sich zurück ins Bett fallen.

„Weißt du denn nicht Bescheid?“, fragte der Dachs. „Worüber?“, fragte Jakob erstaunt.

Neben dem Dachs stand ein kleiner Roboter mit einem runden Blechkopf und zwei grünen, blinkenden Augen. „Oh, nein!“, sagte der Dachs zu dem Roboter. „Hat denn niemand dem Jungen Bescheid gesagt?“
„Es sieht nicht so aus. Erklär es ihm!“, antwortete der Roboter mit blecherner Stimme.

Der Dachs setzte sich auf die Bettkante und begann zu erzählen:
„Es geht um Folgendes. Einmal im Jahr findet die wichtigste Fußballmeisterschaft statt.“

Jakob sah den Dachs verwundert an: „Die wichtigste Fußballmeisterschaft? Ich denke, das ist die Weltmeisterschaft. Und die ist nur alle vier Jahre." „Ja, ja. Die ist auch ganz interessant. Aber am spannendsten ist die Weltraummeisterschaft. Und die ist jedes Jahr!", erklärte der Dachs. „Die Weltraummeisterschaft?", fragte Jakob nach. Der Dachs nickte und sagte: „Ja, alle aus dem Universum können mitmachen. Einwohner aller Sterne und Galaxien. Fußball wird ja überall gespielt. Es ist aber nur für Leute, die jünger als zehn Jahre sind." Der Dachs zeigte auf den Roboter und erzählte weiter: „Zip 37 ist übrigens der Präsident des Weltraumfußballbundes. Er ist mitgekommen, um dich abzuholen."

Der Roboter nickte bescheiden.
„Aha!“, sagte Jakob ungläubig. „Die Erde schickt also auch eine Mannschaft mit den besten Fußballern!“
Der Dachs sah Jakob entschuldigend an. „Ehrlich gesagt spielen meistens nur Tiere. Wir sind nämlich schneller und geschickter. Aber als Trainer suchen wir uns jedes Jahr das Kind aus, das am meisten von Fußball versteht. Dieses Jahr haben wir dich gewählt!“

„Mich?“ Jakob runzelte die Stirn.
Der Dachs war etwas verlegen.
Er kratzte sich am Kopf und sagte:
„Wir haben da so unsere Tricks. Hunde, Katzen, Spatzen – die verschiedensten Tiere haben dich lange beobachtet. Und alle waren sich einig: Du kennst dich am besten aus!“

Es stimmte. Jakob kannte sich gut aus. Er spielte im Fußballverein, verfolgte ständig die Bundesliga und sah jedes Nationalspiel.
Der Dachs redete schnell weiter: „Die Meisterschaft fängt in zwei Stunden an. In sechs Stunden bist du zurück."

„Ich komme auch mit!“, sagte plötzlich jemand. Es war Selma, Jakobs Zwillingsschwester. Sie war von den Stimmen wach geworden.
„Meine Schwester Selma – sie ist in Ordnung. Wir können sie mitnehmen“, erklärte Jakob.

„Gut“, sagte der Dachs, „die Meisterschaft findet dieses Jahr auf der Erde statt. In Australien, auf der anderen Seite des Erdballs. Also, auf nach Australien! Fliegen oder Fallen?“

Die Reise nach Australien

Der Dachs sah Jakob und Selma fragend an.
„Fliegen!“, entschied Jakob.
„Fallen!“, sagte Selma.
„Gut. Du fliegst mit Zip 37, und Selma kommt mit mir.“

Zip 37 winkte kurz mit seiner Metallhand, und ein blinkendes Raumschiff schwebte vor das Fenster. Eine Leiter schob sich heraus und stoppte vor der Fensterbank. Zip 37 öffnete das Fenster. Die Leiter fuhr weiter heraus, und der Roboter kletterte die Leiter hoch. Jakob folgte ihm.
Zip 37 zeigte Jakob einen Sitz hinter dem Pilotensessel. „Schnall dich bitte an!“, sagte der Roboter.

Zur gleichen Zeit schlichen sich Selma und der Dachs aus dem Haus.
Der Dachs öffnete die Gartentür und stiefelte hinaus. Selma ging hinterher.
Der Dachs schob ein paar Büsche zur Seite und zeigte auf einen kleinen Fleck mit blauem Gras: „Hier geht es nach Australien. Mal sehen, ob wir schneller sind als die anderen beiden. Stell dich neben mich!"
Sie stellten sich auf den Grasfleck, und plötzlich spürte Selma, wie das Gras unter ihnen wegsackte.

Alles um sie herum rüttelte heftig, und sie merkte, wie sie nach unten sausten.

So etwas tut man normalerweise nicht: mit einem Dachs zusammen nachts durch die Erde fallen.
Das ist vermutlich total gefährlich.
Aber normalerweise landen auch keine Raumschiffe vorm Kinderzimmer. Und normalerweise sprechen einen Dachse auch nicht von der Seite an. Es war eben eine besondere Nacht.

Selma und der Dachs fielen ziemlich lange. Es war dunkel.
Auf einmal sah Selma einen kleinen Lichtpunkt. Der Punkt wurde größer und größer und: plopp!

Selma saß neben dem Dachs auf einer Wiese. Genau gesagt, mitten in einem Fußballstadion.

„Verdammt, Zip 37 ist schon da!“, meckerte der Dachs und zeigte auf das Raumschiff. Es war bereits auf dem Stadiondach gelandet.
Selma sah sich um. Das Stadion war riesig. Es war in fünf Fußballfelder aufgeteilt. Überall trainierten Mannschaften. Selma entdeckte Jakob und Zip 37.

Tierisch außerirdisch

Um die beiden herum standen viele Tiere: ein junger Elefant, ein Krokodil, eine Raubkatze, ein großer Hase, ein Nilpferd, zwei Antilopen, ein Strauß, ein Esel, ein Affe, eine Giraffe, ein Eisbär, ein Biber und ein Löwe.
Alle hatten blau-weiße Trikots an.
So wie der Dachs. „Wir spielen in Blau, weil wir vom Blauen Planeten sind“, erklärte der Dachs Selma, während sie auf die Gruppe zugingen.
Jakob starrte auf die Mannschaft.
Alle sahen ihn erwartungsvoll an.
„Wie lange haben wir noch bis zum ersten Spiel?“, fragte Jakob den Mannschaftskapitän. „Noch genau zwei Stunden, Trainer!“, sagte das Krokodil nervös.

„Wir machen erst mal ein kleines Trainingsspiel“, schlug Jakob vor, „damit ich sehe, was wir so drauf haben.“
„Prima!“, riefen alle begeistert.
Jakob teilte zwei Mannschaften ein.
Dann setzte er sich auf die Bank am Rand und sah zu. Selma setzte sich neben ihn.
„Die Antilopen sind sehr laufstark! Die müssen ins Mittelfeld!“, sagte Jakob plötzlich und: „Der Elefant kommt ins Tor!“

„Ob der Dachs genug Übersicht als Libero hat?“, fragte er auf einmal laut. – „Nein, ich glaube, der Strauß bekommt da mehr geregelt!“, antwortete er sich selbst. „Der Eisbär hat Probleme mit der Hitze … Kannst du mal herausfinden, gegen wen wir zuerst spielen?“, fragte Jakob Selma.

Sie nickte und las die Anzeigentafel: „Gegen Andromeda! Ich sehe mir die mal an. Bis gleich.“

Ausgerechnet gegen die Roboter!

Selma lief an den Spielfeldern entlang. Da! Das mussten sie sein. Andromeda – stand groß auf den Taschen, die am Spielfeldrand lagen. „Oh, je! Eine Robotermannschaft. Kleine, junge, schnelle Roboter!“, flüsterte sie.
Am Spielfeldrand traf Selma Zip 37.
„Ist das Andromeda?“, fragte Selma.
„Ja, die Mannschaft eurer Nachbargalaxie. Euer erster Gegner!“, erklärte Zip 37. „Ach ja. Wir spielen übrigens nach dem K.-o.-System.“
„Das heißt, nur der Sieger eines Spiels kommt in die nächste Runde?“
„Genau. Wenn ihr gegen Andromeda verliert, ist sofort alles vorbei!“, sagte Zip 37. „Ach, sag Jakob bitte noch, er kann seine Spieler immer aus- und

einwechseln, wenn er will. Ein Spiel dauert zweimal 20 Minuten."
Selma ging zu Jakob zurück. Sie kam an einem Roboter vorbei, der den Spielern von Andromeda etwas zurief. Es war der Trainer. Selma nahm ihren ganzen Mut zusammen und sprach ihn an: „Entschuldigen Sie, wie viele Mannschaften machen eigentlich mit?"
Der Roboter drehte sich blitzschnell zu ihr um, lächelte ruckartig und erklärte schnell: „Acht: Die Sterne Sirius, Mira und Wega, die Erde, die Plejaden, der Stern Mizar vom Sternbild Großer Bär, die Galaxie M-51 und wir."
Selma konnte nicht alles behalten. Acht Mannschaften also, das hatte sie gehört. Während sie zu Jakob zurückging, schaute sie sich die anderen Mannschaften genauer an.

Auf zwei Fußballfeldern waren Wesen, die aussahen wie Dinosaurier, die einen grün, die anderen blau. Daneben waren welche, die aussahen wie Feen. Sie machten gerade Dehnübungen. Auf dem hinteren Platz liefen kleine dicke Monster und seitlich standen lange geringelte Wesen mit stelzenartigen Beinen im Kreis und hörten ihrem Trainer zu. Außerdem gab es noch eine Fußballmannschaft mit grauen kantigen Wesen, die aussahen wie laufende Steine.

Die Giraffe als Mittelstürmer

„Ganz schön harte Gegner!“, sagte Selma und setzte sich wieder neben Jakob. Jakob verzog das Gesicht, schaute aber nicht von seiner Mannschaft weg. „Ich bin nicht sicher, ob das Krokodil wirklich in Form ist“, murmelte er besorgt. „Gut. Die Aufstellung ist perfekt!“, sagte Jakob nach einiger Zeit und rief alle zusammen. „Hört bitte gut zu: Der Elefant spielt im Tor. Der Strauß macht den Libero. Das Nilpferd verteidigt rechts, der Esel links. Eine Antilope bitte ins linke Mittelfeld, ihr könnt euch dort abwechseln. Der Affe nach rechts. Die Giraffe ist kopfballstark, bitte als Mittelstürmer vors Tor. Das Krokodil nach links außen. Und du ... halblinks …“ Jakob sah die

Raubkatze an. „Ich bin ein Nebelparder“, sagte die Raubkatze etwas beleidigt. „Entschuldigung, das war mir nicht klar. Halb rechts der Hase und rechts außen der Dachs. Alle anderen bitte auf die Bank!“ Der Löwe war beleidigt! Aber Jakob tat so, als würde er es nicht merken.

Das erste Spiel

Plötzlich wurde es im Stadion unruhig. Eine laute Ansage ertönte durch den Stadionlautsprecher: „Alle Mannschaften zu den Spielen auf die Plätze."

Die Andromeda-Roboter kamen auf das Feld. Sie hatten rosafarbene Trikots an. Auf dem Nachbarplatz spielten die blauen gegen die grünen Dinosaurier. Dahinter die Stelzenwesen gegen die Feen und ganz hinten die dicken Monster gegen die laufenden Steine.

Jakob war nervös. Der Schiedsrichter war ein Roboter, der etwa so aussah wie Zip 37. Jakobs Mannschaft hatte Anstoß.

Dann begann ein schnelles Spiel.
Die Antilopen jagten von einem Ende des Feldes zum anderen, der Affe sprang umher. Dazwischen jagten kreuz und quer die rosa Roboter. Der Elefant im Tor hielt mit Ohren, Rüssel und Bauch. Der Esel verteidigte stur, und der Strauß verteilte die Bälle nach vorne.

Es läuft ganz gut, dachte Jakob.
„Da!“, rief Selma und sprang auf!
„Drin! Tor!“, rief sie aufgeregt.

Die Giraffe hatte den Ball mit dem
Kopf aus der Luft geangelt und ihn
elegant ins Tor gelenkt.

Jakob blieb still sitzen. „Wenn es gut läuft – bloß nicht auswechseln!“, sagte Jakobs Vereinstrainer, Herr Kessler, immer.
„Wir schaffen das!“, sagte Jakob in der Halbzeitpause. Alle nickten.

In der zweiten Spielhälfte drängten die Roboter vor das Tor des Elefanten, aber der konnte alle Bälle halten.
Beim Schlusspfiff sprang Selma wieder auf. „Hurra! Wir haben gewonnen!“
Die Tiere jubelten. Sie rannten zu Jakob und wollten ihn feiern.
Aber Jakob wehrte ab: „Hey, das ist ein Turnier. Wir müssen an das nächste Spiel denken!“

Die kleinen, blauen Saurier hatten gegen die größeren, grünen Saurier gewonnen, die Feen hatten gegen die Stelzenläufer gewonnen und die laufenden Steine gegen die dicken Monster.

Kein Spiel für das Krokodil

Zip 37 kam vorbei: „Als Nächstes spielt ihr gegen Sirius.“ Das waren die Feen. Selma hatte sie zwischendurch beobachtet. Sie schwebten so komisch beim Laufen. Sie berührten nur kurz den Boden und schwebten dann mit langen Sätzen über das Feld.
„Wir müssen den Ball flach halten“, tuschelte Selma Jakob zu. Jakob nickte.

Er überlegte, ob das Krokodil noch fit genug war. Es war in der zweiten Halbzeit langsam geworden.
Aber das Krododil ist der Kapitän, ich kann es nicht auswechseln, dachte er.
Dann verkündete Jakob: „Wir starten in der gleichen Aufstellung wie eben."

Kurz darauf begann das Spiel.
Es war schlimm. Die Feen schwebten elegant über den Platz und hoben den Ball zweimal über den Elefanten ins Tor.
Null zu zwei. Jakob wurde unruhig.
Wir können nur gewinnen, wenn wir unter den Feen hindurch spielen, dachte er.

In der Halbzeit wechselte er aus: Der Biber spielte nun für die Giraffe und der Löwe für das Krokodil.
Das Krokodil gab die Kapitänsbinde dem Löwen, setzte sich auf die Bank und wischte sich eine Krokodilsträne aus dem Auge. „Es geht um die Mannschaft“, tröstete Jakob das Krokodil. „Schon gut“, nickte das Krokodil tapfer.

Jakobs Taktik war ein Erfolg: Der Löwe kämpfte wie ein Löwe. Er spielte dem Biber zu, und der schoss flach unter dem Feentorwart hindurch.
Den Ausgleich erzielte der Hase ebenfalls mit einem flachen Schuss. Aber es gelang kein Siegtreffer. Das Spiel war aus. „Elfmeterschießen!“, rief das Krokodil auf der Bank. „Auch das noch“, murmelte Jakob.

Alle standen um ihn herum. „Wer will schießen?“, fragte er seine Spieler. Der Löwe und der Affe meldeten sich. „Gut. Ihr zwei. Der Dachs schießt noch, der Hase und der Strauß!“, entschied Jakob. „Tut mir leid. Ich bin ein Angsthase. Ich kann nicht!“, sagte der Hase leise. „Wer darf eigentlich alles mitspielen?“, fragte Jakob die Tiere. Der Strauß antwortete ihm: „Alle Erdbewohner unter zehn Jahren, außer dem Trainer!“

„Okay. Dann schießt Selma!“, sagte Jakob. Selma trainierte mit ihm zu Hause seit Jahren. Sie hatte schon hunderte von Elfmetern geschossen.

„Gerne“, sagte Selma.

Der Dachs holte Selma schnell ein blau-weißes Trikot.

Dann begann das Elfmeterschießen.

Es war sehr spannend. Der Strauß schoss daneben. Aber der Elefant hielt einen harten Schuss. Die anderen Tiere und Feen trafen, bis zum Schluss noch eine Fee und Selma schießen mussten. Im Stadion war es jetzt ganz still. Alle starrten gebannt aufs Tor. Der Elefant positionierte sich auf der Torlinie. Die Fee legte sich sorgfältig den Ball zurecht. Dann nahm sie mit drei tippelnden Schritten Anlauf und schwebte mit voller Wucht gegen den Ball: Der Ball sauste aufs obere Eck zu und sah aus als hätte er einen Kometenschweif. Aber der Elefant hatte blitzschnell reagiert: Er machte einen kräftigen Satz, drehte den Kopf und warf seinen Rüssel so gegen den Ball, dass der aus der Bahn gedrängt wurde und am Tor vorbeisauste.

Jakobs Mannschaft jubelte, das Stadion tobte. Nun war Selma an der Reihe. Mit ihrem Schuss könnte sie das Spiel für den Blauen Planeten entscheiden. Sie sah aus dem Augenwinkel zu ihrem Bruder hinüber. Jakob hielt die Hand flach über den Rasen. Selma nickte unmerklich. Sie legte den Ball entschlossen auf den Elfmeterpunkt und ging fünf Schritte rückwärts. Die Fee ließ Selma dabei nicht aus den Augen.

Da! Jetzt berührte die Fee wieder kurz den Boden und schwebte leicht in die Höhe. In diesem Moment jagte Selma auf den Ball zu und schoss ihn mit voller Wucht flach ins untere linke Eck des Tores. Verwandelt!

Sie hatten gewonnen! Die Giraffe nahm Selma auf die Schultern und hüpfte vor Freude über den Platz. Die anderen Tiere liefen jubelnd hinterher.

Harte Gegner

„Jetzt stehen wir im Endspiel“, sagte Jakob nur.
Die blauen Dinosaurier hatten gegen die laufenden Steine vom Stern Wega mit null zu drei verloren.
„Also jetzt gegen die laufenden Steine“, seufzte Jakob. „Sie spielen hart!“, sagte Selma. „Ich setze das Krokodil wieder ein. Es hat die meiste Erfahrung!“, murmelte Jakob.
Das Endspiel fand auf dem mittleren Platz statt. Das Stadion war voller Zuschauer aus allen Teilen des Weltraums.
Jakobs Mannschaft spielte elegant und klug. Die Steinwesen hatten im Spiel gegen die Dinosaurier ziemlich viel Kraft verloren. Sie versuchten ihre

Laufschwäche durch übermäßige Härte wettzumachen: Ständig rempelten sie die Spieler von der Mannschaft des Blauen Planeten an. Die Zuschauer buhten und pfiffen. Der Schiedsrichter, ein grüner Unparteiischer vom Mars, hatte allerhand zu tun.

Jakob machte sich Sorgen. Seine Spieler verteidigten sich tapfer, aber sie waren meist unterlegen. Dennoch konnten sie das null zu null in die Halbzeit retten.

„Die spielen unfair! Ihr müsst eure Technik einsetzen. Spielt sie aus und kommt ihnen nicht zu nahe.“ Jakob suchte nach Worten: „Dribbelt, kombiniert, spielt sie einfach schwindelig!“, rief er dann voller Überzeugung. „Die Zuschauer sind voll auf unserer Seite. Alle wissen, dass ihr es schafft!“

Die Tiere nickten stumm und nippten an ihrem Pausentee.

Dann begann die zweite Halbzeit. Es war eine Freude, der Elf vom Blauen Planeten zuzusehen: Sie passten sich zu, spielten kurze Kombinationen und trickten die Steine einfach aus. Jakobs Taktik ging auf. Nach zehn Minuten passte das Krokodil der Giraffe zu. Die umspielte elegant zwei Steine. Dann gab sie an das Krokodil zurück und das verwandelte mit einem eleganten Fersenkick das erste Tor.

Jetzt hielt es auch Jakob nicht mehr auf der Bank. Er sprang auf und rief aufs Feld: „Weiter so! Ihr seid einfach fantastisch!“

Die Steine verteidigten sich verbissen. Aber kurz vor Spielschluss dribbelte der Dachs sich durch die Abwehrkette und erzielte den zweiten Treffer. Es war perfekt. Beim Schlusspfiff jubelte das ganze Stadion.
Die Tiere umarmten sich und winkten zu den Tribünen. Dann übergab Zip 37 Jakob einen großen Pokal aus glattem, blauem Kristall. Reihum hielten sie ihn hoch. Dann lief Jakob zusammen mit seiner Mannschaft eine Ehrenrunde.

„Wir müssen jetzt nach Hause!", sagte Selma auf einmal. Jakob nickte.
„Wir bringen euch zurück", sagten der Dachs und Zip 37.
„Fliegen oder Fallen?"
„Fliegen!", lachte Selma.
„Fallen!", jubelte Jakob.

Sie waren fast gleichzeitig wieder daheim im Kinderzimmer.
„Wir danken euch!", sagte der Dachs zu den beiden. Alle winkten, als das Raumschiff mit Zip 37 und dem Dachs langsam davonschwebte.
„Du warst klasse! Schlaf gut", sagte Selma. „Du warst auch klasse!", lobte Jakob seine Schwester.

Am nächsten Morgen, beim Frühstück, waren beide noch sehr müde. Erst jetzt fiel Jakob die Nacht ein. „Ich habe so komisch geträumt. Von einer Welt-*raum*meisterschaft“, sagte er auf einmal. Selma sah ihn aufmerksam an: „Ich auch. Und ich habe einen wichtigen Elfmeter verwandelt.“
„Das gibt es schon mal, dass Zwillinge das Gleiche träumen!“, sagte ihre Mutter nur. Jakob und Selma nickten und zwinkerten sich zu.